Torsten Hildebrandt

OLAP vs. Data Mining - experimentelle Untersuchung auf der Basis eines Ausschnittes von MicroStrategy´s VMall für die Wissensgewinnung mit Skyon

GRIN Verlag

Bibliografische Information der Deutschen Nationalbibliothek:

Die Deutsche Bibliothek verzeichnet diese Publikation in der Deutschen National-
bibliografie; detaillierte bibliografische Daten sind im Internet über http://dnb.d-
nb.de/ abrufbar.

Impressum:

Copyright © 2002 GRIN Verlag GmbH
Druck und Bindung: Books on Demand GmbH, Norderstedt Germany
ISBN: 978-3-638-68380-7

Dieses Buch bei GRIN:

http://www.grin.com/de/e-book/5220/olap-vs-data-mining-experimentelle-untersu-
chung-auf-der-basis-eines

GRIN - Your knowledge has value

Der GRIN Verlag publiziert seit 1998 wissenschaftliche Arbeiten von Studenten, Hochschullehrern und anderen Akademikern als eBook und gedrucktes Buch. Die Verlagswebsite www.grin.com ist die ideale Plattform zur Veröffentlichung von Hausarbeiten, Abschlussarbeiten, wissenschaftlichen Aufsätzen, Dissertationen und Fachbüchern.

Besuchen Sie uns im Internet:

http://www.grin.com/

http://www.facebook.com/grincom

http://www.twitter.com/grin_com

Hausarbeit

im Fach Wirtschaftsinformatik

an der

Hochschule für Technik, Wirtschaft und Kultur Leipzig (FH)
Fachbereich Wirtschaftswissenschaften

Studiengang Betriebswirtschaft

OLAP vs. Data Mining - experimentelle Untersuchung auf der Basis eines Ausschnittes von MicroStrategy's VMall für die Wissensgewinnung mit Skyon

Eingereicht von: Torsten Hildebrandt

Erstgutachter und Betreuer: Prof. Dr. Klaus Kruczynski

Zweitgutachter: Prof. Dr. Winfried Brecht

Leipzig, 15.03.2002

Inhaltsverzeichnis

1. Einleitung

1.1 Einführung/Zielstellung

Ein stetiges Wachstum der Datenbestände macht den Zugriff auf gewünschte Informationen bzw. auf in Datenbasen enthaltenes Wissen immer schwieriger. Traditionelle Methoden wie Tabellenkalkulation und ad hoc Datenbankabfragen sind den aktuellen und werden den zukünftigen Anforderungen an Datenanalyse nicht gewachsen sein[1].

Ziel dieser Arbeit ist die Untersuchung von Segmentierungsmöglichkeiten – bereits vorhandener Kundendaten – zur Neukundengewinnung mit Hilfe von OLAP und Data Mining. Dadurch soll dem virtuellen Unternehmen VMall die Möglichkeit eröffnet werden, gezielt Marketingaktionen durchzuführen und somit neue, umsatzkräftige Kunden zu werben. Dabei steht vor allem die Analyse mit Data Mining, im Speziellen mit dem Tool Skyon, im Vordergrund dieser Arbeit.

1.2 Abgrenzung

Bei der Erstellung dieser Arbeit wurden der Aufbau und die Struktur eines Data Warehouse sowie das OLAP-Tool MicroStrategy7 als bekannt vorausgesetzt. Diese Gebiete wurden von der Beschreibung ausgenommen, da sie keinen Untersuchungsschwerpunkt der Arbeit darstellen. Beide Themen bilden jedoch die Grundlage und sollten dem Leser deshalb bekannt sein.

1.3 Methodik

Die Bearbeitung der Fragestellung „Kundensegmentierung" basiert auf folgendem Vorgehen. Um die Gebiete OLAP und Data Mining in dem Prozess des Business Intelligence voneinander abzugrenzen, wird zuerst auf deren inhaltliche Grundlagen sowie Ausrichtungen eingegangen.

Daran anknüpfend erfolgt eine Einführung in das Data Mining Tool Skyon der Unternehmung Skyon AG mit einer detaillierten Beschreibung des verwende-

---

[1] vgl. Knoblauch, B.: Der Data-Mining Ansatz zur Analyse betriebswirtschaftlicher Daten, S. 1

ten Data Mining Verfahrens Kohonen SOM und der dazugehörigen Visualisierungsmethodik.

Der nächste Abschnitt dieser Arbeit beschäftigt sich mit der Datenbank VMall, die von der Unternehmung MicroStrategy bereitgestellt wurde und ein virtuelles Versandunternehmen abbildet. Daran anschließend wird die Problemstellung und die dazugehörige Datenaufbereitung für Skyon und MicroStrategy7 beschrieben.

Abschließend erfolgt ein Vergleich der Untersuchungsergebnisse beider Softwaretools und es wird eine allgemeine Aussage − bezogen auf das gestellte Fragestellung − erarbeitet.

2. Grundlagen Business Intelligence

Business Intelligence stellt eine stetige Entwicklung der Möglichkeiten zur Datenanalyse dar. Dabei erfolgt die Speicherung von Daten in Form eines Data Warehouse, welches die Basis dieses Prozesses bildet. Mit Hilfe eines OLAP-Tools wird auf ein solches Data Warehouse zugegriffen, um aus den Daten Informationen über Entwicklungen und mögliche Trends zu erhalten.

Die bisher letzte Stufe in dem Prozess des BI ist Data Mining. Diese Funktionalität unterstützt die Wissensgewinnung aus Datenbeständen, muss aber nicht zwangsläufig auf einem Data Warehouse basieren. Jedoch stellt der Zugriff auf ein Data Warehouse, im Gegensatz zu operativen Transaktionssystemen, eine breitere Datenbasis und eine bessere Datenqualität zur Verfügung[3].

2.1 OLAP

Eine schnelle und flexible Analyse geschäftskritischer Daten wird durch Online Analytical Processing gewährleistet. OLAP vereinfacht die Untersuchung archivierter Daten eines Data Warehouses. Dies erfolgt über die Betrachtung der Daten aus verschiedenen Perspektiven[4].

---

[2] vgl. Anhang: Abbildung 8
[3] vgl. Küppers, B.: Data Mining in der Praxis, S. 44
[4] vgl. Schinzer, H./Bange, C./Mertens, H.: Data Warehouse und Data Mining, S. 39

Die Entdeckung von Trends, die Feststellung von Unregelmäßigkeiten sowie deren zugrundeliegenden Ursachen sind die Schwerpunkte bei der Anwendung eines OLAP-Tools. Dadurch wird dem Anwender die Möglichkeit eröffnet, Gründe für vergangene und Perspektiven für zukünftige Geschäftsentwicklungen zu erkennen[5].

Dazu werden die OLAP Techniken Slice&Dice, Pivoting und Drilling verwendet. Drilling erlaubt es, Daten aufzubrechen bzw. zu verfeinern und somit detaillierte Ursachen für Entwicklungen darzustellen[6]. Durch Pivoting kann der Benutzer durch Rotation des gegebenen Datenwürfels die gewünschten Informationen erhalten. Die Gliederung von Daten des Data Warehouse in Schichten bzw. Würfeln um dadurch neue Erkenntnisse zu erhalten ist durch die Slice&Dice Funktionalität möglich[7].

2.2 Data Mining

Die Stellung von Data Mining im Business Intelligence Prozess wurde bereits genannt, jedoch nicht in den Prozess des Knowledge Discovery in Databases (KDD) eingeordnet. Dies erfolgt im nächsten Abschnitt.

2.2.1 Einordnung des Data Mining in den Prozess des KDD

Die Einordnung des Data Mining im KDD-Prozess wird seit mehreren Jahren kontrovers diskutiert (s. Brachman/Anand, Chapman, Fayyad, John und Wirth/Reinhartz). Basierend auf dieser Diskussion tendiert die aktuelle Literatur jedoch immer stärker zu dem Prozessmodel von Fayyad[8].

Demnach unterteilt sich der Prozess des KDD in fünf Teilbereiche (Selection, Preprocessing, Transformation, Data Mining und Interpretation/Evalutation), welche in der folgenden Grafik dargestellt sind.

---

[5] vgl. Hönig, T.: Desktop OLAP in Theorie und Praxis, S. 171
[6] vgl. Hönig, T.: Desktop OLAP in Theorie und Praxis, S. 172
[7] vgl. Anhang: Abbildung 9
[8] vgl. Ankerst, M: Visual Data Mining, S. 2; Kurz, A.: Neue Wege der Datenanalyse mittels neuartiger Knowledge Discovery- und Data Mining-Methoden, S. 253; Säuberlich, F.: KDD und Data Mining als Hilfsmittel zur Entscheidungsfindung, S. 28

Abbildung 1: KDD Prozessmodel von Fayyad

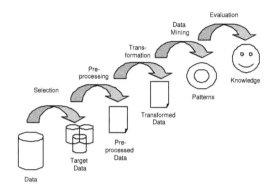

Quelle: in Anlehnung an Ankerst, M.: Visual Data Mining, S. 2

Daraus ableitend definiert Fayyad Data Mining als Teilschritt des KDD[9]: „Data Mining ist die nicht-triviale Entdeckung gültiger, neuer, potenziell nützlicher und verständlicher Muster in Datenbeständen[10]." Diese Arbeit basiert, bei der Betrachtung von Data Mining, auf dem Modell von Fayyad.

2.2.2 Entdecken von Hypothesen

Der Prozess des Knowledge Discovery in Databases, und das Data Mining im Speziellen, ist ein Bottom-Up Prozess. Ausgehend von den Basisdaten soll neues, noch unbekanntes Wissen aus Datenbeständen extrahiert werden. Nach Kurz kann die Durchführung dieses Prozesses direkt oder indirekt geschehen[11]. Im Falle des indirekten Prozesses wird der Vorgang nicht angeleitet, d.h. es findet ein unüberwachter Lernvorgang statt. Der Begriff direkt impliziert, dass der Prozess durch einen Benutzer geführt bzw. angeleitet durchgeführt wird (überwachtes Lernen).

---

[9] vgl. Säuberlich, F.: KDD und Data Mining als Hilfsmittel zur Entscheidungsunterstützung, S. 28
[10] vgl. Knoblauch, B.: Der Data-Mining Ansatz zur Analyse betriebswirtschaftlicher Daten, S. 14
[11] vgl. Kurz, A.: Neue Wege der Datenanalyse mittels neuartiger Knowledge Discovery- und Data Mining- Methoden, S. 257

Anhand der unten dargestellten Übersicht wird deutlich, wie sich klassische Verfahren zur Datenanalyse von den Data Mining Verfahren unterscheiden. Hauptmerkmal bei der Unterscheidung ist die Analyserichtung. Beim Data Mining wird, ausgehend von der Datenbasis (Bottom-Up Verfahren), der Analysevorgang angestoßen. Dabei wird zunächst jedes Datum als eigene Klasse betrachtet, die es zu gruppieren gilt. Klassische Verfahren der Datenanalyse werden von einem Benutzer gesteuert (Top-Down Verfahren) und setzen somit Kenntnisse über die Struktur der Metadaten voraus, um effizient Untersuchungen durchführen zu können[12]. Diese Verfahrensweise betrachtet den gesamten Datenbestand als eine eigene Klasse, die es aufzuspalten gilt[13].

Abbildung 2: Problemorientierte Einordnung des Data Mining

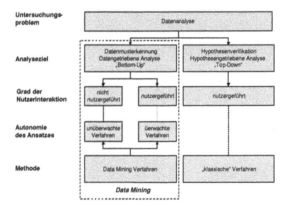

Quelle: in Anlehnung an Knoblauch, B.: Der Data-Mining Ansatz zur Analyse betriebswirtschaftlicher Daten, S. 9

---

[12] vgl. Kurz, A.: Neue Wege der Datenanalyse mittels neuartiger Knowledge Discovery- und Data Mining-Methoden, S. 270
[13] vgl. Küppers, B.: Data Mining in der Praxis, S. 56

2.2.3 Data Mining Verfahren

Die Aktualität dieser Thematik zieht wiederum differente Auffassungen der Einordnung existierender Data Mining Verfahren nach sich. Diese Arbeit orientiert sich bei der Gruppierung der Verfahren an Säuberlich[14].

Abbildung 3: Auswahl wichtiger Data Mining Verfahren nach der Analysemethode

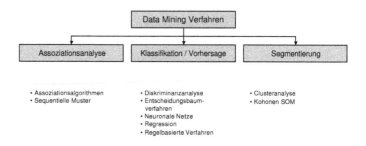

Quelle: in Anlehnung an Säuberlich, F.:: KDD und Data Mining als Hilfsmittel zur Entscheidungsfindung, S. 46

Wie in der Abbildung dargestellt, unterteilen sich die Data Mining Verfahren in drei Gruppen: Assoziationsanalyse, Klassifikation/Vorhersage und Segmentierung.

Assoziationsanalysen verfolgen im Rahmen des Data Mining die Zielsetzung, eigenständige Assoziationsregeln zu formulieren, die häufig auftretende, in Datenbanken versteckte, Regeln oder Muster beschreiben.

Die wichtigsten Data Mining Fragestellungen lassen sich durch Klassifikation abbilden[15]. Dieses Verfahren basiert auf der Annahme, dass eine bestimmte

---

[14] vgl. Säuberlich, F.: KDD und Data Mining als Hilfsmittel zur Entscheidungsunterstützung, S. 42

Anzahl von Objekten vorhanden ist, die verschiedenen Klassen zugeordnet werden sollen. Durch den Einfluss von Merkmalen eines Objektes auf bestimmte Klassen wird ein Modell aufgebaut (Klassifikator). Dieser Klassifikator wird benutzt, um neue, bisher unbekannte Objekte zu klassifizieren. Die Vorhersage (auch: Prognose) beinhaltet, zusätzlich zu der Klassifikation, eine temporäre Komponente.

Das Ziel der Segmentierung besteht darin, große Datenmengen in kleine, homogen und betriebswirtschaftlich zweckmäßige Gruppen zu unterteilen. Es ist Aufgabe dieser Data Mining Methodik, die Datensätze in eine endliche Anzahl von Segmenten zu gruppieren, so dass diese in sich homogen, zueinander aber so heterogen wie möglich sind. Im Gegensatz zu der Klassifikation wird keine Klasseneinteilung vorgegeben. Stattdessen werden vorhandene Ähnlichkeiten von den Methoden selbständig ermittelt, um daraus folgend Gruppen zu bilden.

Generell kann von den zuvor beschriebenen Data Mining Verfahren folgende Ableitung hergestellt werden. Die Verfahren der Assoziationsanalyse eignen sich besonders zur Identifikation von Kaufmustern (z.B. Warenkorbanalysen), die Klassifikation/Vorhersage für Direktwerbung, Sortimentsgestaltung sowie für Aufdeckung doloser Handlungen. Die Segmentierung wird für die Identifikation ertragreicher Segmente, z.B. zur Einordnung von neuen Kunden in bereits bekannte Muster und Werbung von Neukunden, genutzt.

Ein besonderer Schwerpunkt dieser Arbeit liegt auf der Theorie neuronaler Netze, da von dem untersuchten Tool Skyon ein neuronales Netz vom Typ Kohonen SOM verwendet wird. Deshalb erfolgt an dieser Stelle ein Exkurs in diesen Bereich des Data Mining.

Künstliche neuronale Netze beinhalten in Schichten angeordnete Neuronen. Über die Inputschicht werden Daten aufgenommen und durch die Outputschicht Ausgabewerte bereitgestellt. Input- und Outputschicht sind über versteckte Schichten miteinander verbunden, wobei zwischen allen Neuronen benachbarter Schichten gewichtete Verbindungen bestehen[16].

---

[15] vgl. Bach, V./Gronover, S.: Kundensegmentierung, S. 38
[16] vgl. Anhang: Abbildung 11

Eine besondere Vorgehensweise der Mustererkennung auf Basis neuronaler
Netze liegt mit den Kohonen SOM vor, welches aus zwei Schichten, der Inputschicht und der Neuronenkarte, besteht.

Abbildung 4: Kohonen SOM

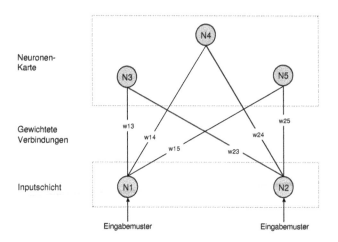

Quelle: in Anlehnung an Chamoni, P.: Ausgewählte Verfahren des Data Mining, S.
317

Jedes Neuron der Inputschicht ist mit jedem Neuron auf der Neuronenkarte
verbunden, wobei die Verbindungen gewichtet sind. Dabei wird die Annahme
unterstellt, dass sich die Neuronen der Karte auf einem Gitter anordnen. Dieses Verfahren gruppiert die Neuronen auf der Karte so, dass sie die Topolo-
gie der Klassenstruktur widerspiegeln. Die Gewichte zwischen der Inputschicht und der Neuronen-Karte werden iterativ berechnet, welche als Abstand bestimmend interpretiert werden. Somit können nur numerische Attri-
butwerte als Eingabemuster verwendet werden[17]. Bei diesem Verfahren erfolgt eine selbständige Anordnung der Neuronen auf dem virtuellen Gitter der
Neuronen-Karte. Kohonen definiert SOM als ein „result of a nonparametric
regression process that is mainly used to represent high-dimensional, non-

---

[17] vgl. Chamoni, P.: Ausgewählte Verfahren des Data Mining, S. 317

nonlinearly related data items in an illustrative, often two-dimensional display, and to perform unsupervised classification and clustering[18]."

Um neuronale Netze detaillierter differenzieren zu können, unterteilt Weber[19] die Data Mining Verfahren in überwachtes und unüberwachtes Lernen.

Das überwachte Lernen ist nutzergeführt, d.h. der Anwender greift in den Ablauf der Analyse ein. Die am häufigsten verwendete Methode ist das Multilayer Perceptron Verfahren.

Beim unüberwachten Lernen findet das Netz selbständig Segmentierungskriterien für die Eingangsmuster. Ein Beispiel für das unüberwachte Lernen stellt das Kohonen SOM dar.

Abbildung 5: Klassifikation mit Neuronalen Netzen

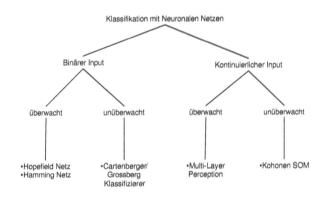

Quelle: in Anlehnung an Weber, R.: Data Mining mit intelligenten Technologien – Die Suche nach Informationen in Daten, S. 303

---

[18] vgl. Kohonen, T.: Self-Organizing Maps, S. 395
[19] vgl. Weber, R.: Data Mining mit intelligenten Technologien – Die Suche nach Informationen, S. 303

2.3 Vergleich OLAP und Data Mining

Durch OLAP wird dem Benutzer die Möglichkeit eröffnet, von ihm gesteuerte Abfragen an ein Data Warehouse zu richten. Dies setzt aber voraus, dass dem Anwender der Aufbau der Daten, d.h. das Data Warehouse, bekannt ist. Beim Data Mining wird versucht, über verschiedene Verfahren versteckte Zusammenhänge in Datenbeständen zu finden. Dabei muss dem Benutzer der Datenaufbau nicht bekannt sein. Data Mining kann auf ein Data Warehouse sowie auf operative Datenbestände aufgesetzt werden[20].

Die von OLAP bereitgestellten Funktionalitäten (Slice&Dice, Pivoting, Drilling) können als manuelles Knowledge Discovery bezeichnet werden. Somit geht der Anwender bei OLAP von einer anfänglichen Fragestellung aus[21], wobei dies bei Data Mining nicht Voraussetzung zur Datenanalyse ist.

3. Data Mining Tool Skyon

3.1 Datenanbindung

Die Datenanbindung bei Skyon erfolgt über den Windows ODBC-Datenquellen-Administrator. Die Basisdatenbank kann in jedem beliebigen Datenformat vorhanden sein und genutzt werden, sofern hierfür Windows-treiber zur Verfügung stehen.

Bei der Benutzung eines Computers durch mehrere Anwender kann an dieser Stelle bereits ausgewählt werden, ob die zu analysierende Datenbank nur einem User (Benutzer-DSN) oder allen Usern dieses Rechners (System-DSN) zur Verfügung gestellt werden soll.

3.2 Datenaufbereitung

Der MetaDatenEditor (MDE) stellt die Schnittstelle zwischen der Datenbank und dem Skyon Developer, dem Kernstück der Skyon Software, dar. Basierend auf der Konfiguration mit dem ODBC-Datenquellen-Administrator erfolgt im MDE die Auswahl der Tabelle der zu untersuchenden Datenbank. Die zu

---

[20] vgl. Kurz, A.: Neue Wege der Datenanalyse mittels neuartiger Knowledge Discovery- und Data Mining-Methoden, S. 271
[21] vgl. Kurz, A.: Neue Wege der Datenanalyse mittels neuartiger Knowledge Discovery- und Data Mining-Methoden, S. 270

analysierende Tabelle muss in Form eines Flatfile vorliegen, da der MDE
nicht die Kombination verschiedener Tabellen einer relationalen Datenbank
bzw. verschiedener relationaler Datenbanken unterstützt.

Der MDE ermöglicht dem Benutzer, die Struktur sowie die Daten der ausgewählten Tabelle anzuzeigen. Darüber hinaus kann der Anwender auch Ände-
rungen an der Struktur vornehmen, z.B. können Spalten ausgeblendet werden.

Dabei wird aber nicht die Ursprungsdatenbank geändert, sondern eine für
Skyon verständliche XML-Beschreibung erzeugt. Im Skyon Developer wird
die Beschreibung, und somit die spezielle MDE-Konfiguration, geladen.

3.3 Skyon Developer

SkyonDeveloper ist ein Tool zur Analyse umfangreicher und komplex struktu-
rierter Datensätze und stellt das zentrale Werkzeug der Skyon Software
dar[22].

3.3.1 Der Data Manager

Nach der Auswahl der zu analysierenden Datenquelle wird dem Benutzer
durch den Data Manager die Möglichkeit geboten, die Segmentierung der
Daten zu beeinflussen.

Hierzu hat der Anwender die Wahl zwischen dem Single SOM Training und
dem Multi SOM Training. Der Unterschied besteht in dem Verfahren der
Auswahl der Netzgröße. Bei der Anwendung des Single SOM Training wird
manuell die Netzgröße festgelegt.

Gegensätzlich dazu ermittelt das Multi SOM Training selbständig die optimale Netzgröße[23] für die Darstellung der gruppierten Daten. Dabei müssen zwei
Eigenschaften (partition limit = Anzahl von Datensätze die mindestens in einem Datenwürfel enthalten sein müssen; min net size = minimale Netzgröße)
manuell eingegeben werden. Diese Eigenschaften dienen Skyon als Start-
größen der Netzberechnung. Die Berechnung geschieht über zwei Fehler,
die sich im Trend gegenläufig verhalten, d.h. der Quantisierungsfehler QE

---

[22] vgl. Skyon: Benutzerhandbuch Skyon Developer, S. 25
[23] vgl. Skyon: Benutzerhandbuch Skyon Developer, S. 33

sinkt und im Gegensatz dazu steigt der topographische Fehler TE bei zunehmender Netzgröße an. Der Quantisierungsfehler bewertet die Ähnlichkeit der Datensätze innerhalb eines Würfels. Somit ist der Fehler am geringsten, wenn jeder Datensatz einen eigenen Würfel zugewiesen bekommt. Bei dem topographischen Fehler wird der Abstand von dem Würfel, in den der Datensatz fällt, und dem Würfel, in den der Datensatz als nächstes gefallen wäre, bewertet[24]. Dieser erhöht sich bei zunehmender Netzgröße.

Im Anschluss an die Auswahl der Netzgröße (Single SOM und Multi SOM) erfolgt die Gruppierung der Daten zu Datenwürfeln über das Verfahren Kohonen SOM.

3.3.2 Der Visualizer

Der Visualizer bildet die Datensätze, gruppiert in Würfeln, auf einem zweidimensionalen Netz ab. Die Größe dieses Netzes wurde zuvor über das SOM Training bestimmt.

Datensätze innerhalb eines Würfels sind sich bezüglich der Eigenschaften relativ ähnlich. Durchschnittsprofile, die sich aus den Datensätzen der Würfel ergeben, stellen die Grundlage für die Anordnung der Würfel zueinander dar. Diese Verteilung basiert auf dem Verfahren des Kohonen SOM und findet somit selbstorganisierend statt.

Das Prozessmodell von Fayyad ist wie folgt auf das Tool Skyon zu übertragen. Die Datenauswahl durch den Benutzer, die Anwendung des ODBC-Datenquellen-Administrator und des MDE stellen die Prozessschritte „Selection", „Preprocessing" und „Transformation" dar. Der Schritt „Data Mining" wird bei Skyon mit Hilfe des Data Manager und die „Evaluation" durch den Visualizer umgesetzt. Die Interpretation der Ergebnisse durch den Benutzer stellt den Prozessschritt Wissensvermittlung dar.

4. VMall – ein virtuelles Beispielunternehmen

Die Datenbank VMall (Virtual Mall Catalog Sales, Incorporated) stellt das Data Warehouse eines virtuellen Unternehmens dar und wird von Micro-

---

[24] vgl. Skyon: Benutzerhandbuch Skyon Developer, S. 33

Strategy zur Verfügung gestellt. Dieses Unternehmen ist ein Versandhandel für Endkunden, bei dem Bestellungen per Telefon (ca. 35 %) und Internet (ca. 65 %) angenommen werden. Die Kataloge werden als gedruckte Ausgabe an Kunden versendet, aber auch über das Internet publiziert[25]. Zu den Kriterien, nach welchen der Katalogversand erfolgt, liegen keine Informationen vor.

Für diese Arbeit wird ein Ausschnitt der VMall Datenbank verwendet, um die Funktionalität von Data Mining – mit dem Tool Skyon – und von OLAP – mit der Anwendung MicroStrategy7 – vergleichend darzustellen.

4.1 Einführung VMall

Das Datenmodel von VMall ist ein Snowflake Model. Hauptmerkmal dafür ist das Vorhandensein von normalisierten Tabellen. VMall's Datenmodell besteht aus fünf Hierarchien (Product, Customers, Sales, Time and Promotion). Im Rahmen dieser Arbeit wird auf das Customer Hierachy Model[26] zurückgegriffen, um die folgende Aufgabenstellung zu lösen.

4.2 Beschreibung der Aufgabenstellung

Die gestellte Aufgabe bezieht sich auf die Segmentierung von Kundendaten. Dadurch soll VMall die Möglichkeit eröffnet werden, gezielte Marketingaktionen (z.B. Direktmarketing) durchzuführen, um neue, umsatzkräftige Kunden, auf Basis der bereits vorhandenen Daten, zu werben.

Um dieses Aufgabe zu bearbeiten, wird auf Inhalte der Lookup-Tabellen (Dimensionstabellen) LU_CUSTOMER, LU_CUST_CITY, LU_CUST_REGION, LU_ORDER, LU_INCOME und die Fakttabelle ORDER_DETAIL zurückgegriffen. Eine Angabe der enthaltenen Daten und die Verknüpfung dieser Tabellen wird im Anhang[27] zur Verfügung gestellt.

---

[25] vgl. MicroStrategy Incorporated: MicroStrategy7 – Getting Started Guide, S. 89
[26] vgl. Anhang: Abbildung 12
[27] vgl. Anhang: Abbildung 13

4.3 Ansatz zur Lösung der Aufgabenstellung

Zur Untersuchung der Aufgabe werden als Kundenmerkmale die Dimensionen/Fakten Cust_Region_Id, Income_Id, Turnover (=Qty_Sold * Unit_Price) und Age (= Alter der Kunden am 01.03.2002) gewählt. Das Merkmal Customer_Id wird als Primärschlüssel definiert. Dadurch entsteht ein File mit 677 Datensätzen in 5 Spalten.

Die Bereitstellung der Daten in Form eines Flatfiles ist Voraussetzung für die Analyse mit Skyon. Aus diesem Grund erfolgte die Verknüpfung der oben genannten Tabellen mit den angegebenen Kundenmerkmalen zu einem Flatfile. Dies wurde über die Funktion „Abfragen" → Abfrage erstellen" von MS Access realisiert.

Bevor diese Problemstellung bearbeitet wird, ist es wichtig, einen Überblick über die Basisdaten zu erhalten. Der Gesamtumsatz von 677 Kunden beträgt 204.255,00 Dollar. Daraus ergibt sich ein durchschnittlicher Umsatz pro Kunde von 301,71 Dollar und ein Durchschnittsalter von 44,5 Jahren. Des weiteren ist es möglich den Umsatz je Region in zwei Gruppen einteilen. Die erste Gruppe setzt pro Region (Region 1 - 7) ca. 13% um, wobei die Regionen 8 - 11 jeweils ca. 3 % des Umsatzes ausmachen. Die Einkommensklassen[28] 2 - 6 sind jeweils zu ca. 15 % und die Einkommensklassen 1 und 7 - 10 sind zu ca. 5 % am Umsatz beteiligt[29].

4.3.1 Lösung mit MicroStrategy

Die Problemstellung wurde mit MicroStrategy aufgrund von folgender Überlegung gelöst. Um eine Werbeaktion zur Gewinnung von potentiell umsatzstarken Neukunden, auf Grundlage der bereits vorhandenen Daten, durchzuführen, werden die Kunden (Attribute: Customer) nach dem Umsatz (Metrik: Dollar Sales) absteigend sortiert. Zusätzlich werden in dieser Abfrage die Merkmale Alter (Attribute: Customer Birth Date → Customer Age), Region (Attribute: Customer Region) und Einkommen (Attribute: Income Bracket) mit Hilfe bereits vorhandener Metriken angezeigt.

---

[28] vgl. Anhang: Tabelle 5
[29] vgl. Anhang: Tabelle 6

4.3.1.1 Gruppierung der Kundendaten mit MicroStrategy7

Um eine Gruppenbildung zu realisieren, sollen aber nur die 70 umsatz-stärksten Kunden der Basisdaten aufgelistet werden. Es wird erwartet, dass dadurch Aussagen über bestimmte Kundenmerkmale getroffen werden kön-nen, die auf einen hohen Umsatz hindeutet. Dies erfolgt über die Erstellung eines Filters in MicroStrategy. Hierfür wurde zusätzlich der Rank (Metrik: Sales Rank) der Kunden bezogen auf den Umsatz angezeigt. Der Inhalt die-ses Filters beinhaltet die Anzeige aller Datensätze mit einem Sales Rank größer als 70[30]. Angezeigt werden somit die 70 umsatzstärksten Kunden mit den Merkmalen Umsatz, Alter, Region und Einkommen. Als nächstes werden die Durchschnittswerte für Umsatz und Alter eingeblendet.

Abbildung 6: Screenshot MicroStrategy7

Report_Top70						
Datei Bearbeiten Ansicht Daten Tabelle Hilfe						
Speichern und schließen						
			Blue and Grey			
Filterdetails: Rank of Sales Rank Bottom 70						
				Metrik	Dollar Sales	Sales Rank
Customer	Customer Region	Income Bracket	Customer Birth Date			
679	4	6	03.12.74		$ 3.621	1
7	4	2	03.01.50		$ 3.181	2
462	6	1	31.10.69		$ 2.630	3
613	8	1	25.05.52		$ 2.614	4
10	3	3	24.02.66		$ 2.560	5
74	6	5	16.01.66		$ 2.467	6
561	4	3	07.12.72		$ 2.092	7
252	4	2	26.06.73		$ 1.993	8
658	7	3	29.04.53		$ 1.964	9
310	7	5	07.08.65		$ 1.948	10

Quelle: Screenshot MicroStrategy7

Die 70 umsatzstärksten Kunden sind durchschnittlich 39,7 Jahre und setzten jeweils 1336,64 Dollar um.

Um Erkenntnisse aus den Merkmalen Region und Einkommen zu erhalten, wurden diese Daten der Grundgesamtheit gegenübergestellt[31].

---

[30] vgl. Anhang: Abbildung 14
[31] vgl. Anhang: Tabelle 6

4.3.1.2 Handling von MicroStrategy7

Diese Auswertung vermittelt einen Einblick in die Analyse mit Hilfe eines OLAP Tools. Es ist zu erkennen, dass man benutzerfreundlich und schnell durch eine grafische Oberfläche vorbereitete Abfragen (Umsatz, Alter etc.) an ein Data Warehouse richten kann. Zusätzlich können neue Metriken zur Datenanalyse erstellt werden. An dieser Stelle muss jedoch bemerkt werden, dass bei gezielt gestellten Aufgaben und vorhandenen Kenntnissen von SQL eine Analyse mit einer Datenbankanwendung (z.b. MS-Access) einfacher erscheint. Dies setzt voraus, dass die Daten für eine benutzerspezifische SQL Abfrage zur Verfügung stehen. Bei einer SQL Abfrage muss jedoch auf die Funktionalität von OLAP (Slice&Dice, Drilling und Pivoting) verzichtet werden.

4.3.1.3 Interpretation der MicroStrategy - Ergebnisse

Aufgrund der ausgewählten Daten kann folgendes Kundenprofil abgeleitet werden. Die 70 umsatzstärksten Kunden sind im Durchschnitt 40 Jahre und haben ein jährliches Einkommen von 31.000 bis 40.000 Dollar (ca. 21% der ausgewählten Kunden).

Die Ergebnisse der Regionen zeigen ein sehr uneinheitliches Bild bei der Verteilung umsatzstarken Kunden. Es wird vermutet, dass sich durch die Unternehmensart von VMall (Versandhandel) keine regionale Gruppierung bilden lässt.

Somit sollte eine Marketingaktion – auf Basis von MicroStrategy7 – zur Neukundengewinnung auf die Altersgruppe der 39 - 41 jährigen mit einem Jahreseinkommen von 31.000 bis 40.000 Dollar abzielen.

4.3.2 Lösung mit Skyon

Das vorbereitete Flatfile liegt als Tabelle in einer MS-Access Datenbank vor. Diese Datenbank wird Skyon über den ODBC-Datenquellen-Administrator zur Verfügung gestellt.

Im MDE wurde die zuvor als Datenquelle definierte Datenbank geladen. Es erfolgte keine weitere Konfiguration mit dem MDE, da die benötigten Datensätze bereits bei der Erstellung des Flatfiles bearbeitet wurden, d.h. es erfolgten bereits benötigte Berechnungen wie z.B. Umsatz und Alter der Kunden.

4.3.2.1 Gruppierung der Kundendaten mit Skyon

Um eine optimale Lösung der Problemstellung und die am besten geeigneteste Merkmalskombination mittels Data Mining zu erhalten, bietet es sich grundsätzlich an, verschiedene Tests durchzuführen und diese unter inhaltlichen Gesichtspunkten zu bewerten[32]. Hierbei muss jedoch beachtet werden, dass eine heuristische Vorgehensweise bei der Auswahl der Merkmalskombinationen zur Lösung der gestellten Aufgabe erfolgte. Dabei werden fünf ausgewählte Merkmalskombinationen mit Skyon untersucht. Somit besteht keine Garantie, eine optimale Lösung gefunden zu haben. Die dadurch erzielten Segmentierungsergebnisse werden auf der Grundlage der Nützlichkeit bewertet und interpretiert.

Tabelle 1: Merkmale für die Gruppierung der Kundendaten

Test	Merkmale für die Gruppierungen der Kundendaten
1	Age – Turnover – Income_Id
2	Age – Turnover – Cust_Region_Id
3	Income_Id – Cust_Region_Id – Age
4	Income_Id – Cust_Region_Id – Turnover
5	Income_Id – Cust_Region_Id – Age – Turnover

Das Ergebnis dieses Praxisbeispieles soll besonders umsatzintensive Kundengruppen mit Bezug auf die Merkmale Alter, Region und Einkommen aufzeigen. Basierend auf dieser Übersicht erfolgte die Auswahl der Merkmale im Data Manager, welche zur Berechnung der Netzgröße verwendet wurden. Zum Beispiel bildeten bei Test 1 die Daten Alter (Age), Umsatz (Turnover) und Region (Cust_Region_Id) die Grundlage zur Segmentierung der Kundendaten. Um eine vergleichbare Ausgangssituation der Tests zu erhalten, wurde das Multi SOM Training im Data Manager mit gleichen Starteinstellungen (partition limit: 5; min net size: 5) durchgeführt.

---

[32] vgl. Bach, V./Gronover, S.: Kundensegmentierung, S. 45

Ziel dieser Berechnung ist es, segmentierte Kundendaten als Würfel zu erzeugen, die in sich homogene, anderen Würfeln gegenüber möglichst heterogene Datensätze enthalten. Je näher die Würfel auf dem Netz zueinander angeordnet werden, umso ähnlicher ist deren Inhalt. Anschließend – an diese von Skyon durchgeführte Berechnung – wird der Wert Income_Id auf der Z-Achse dargestellt. Somit werden die Würfel mit dem jeweiligen Durchschnittsumsatz der Datensätze (Kunden) dreidimensional abgebildet.

Abbildung 7: Screenshot Skyon Visualizer

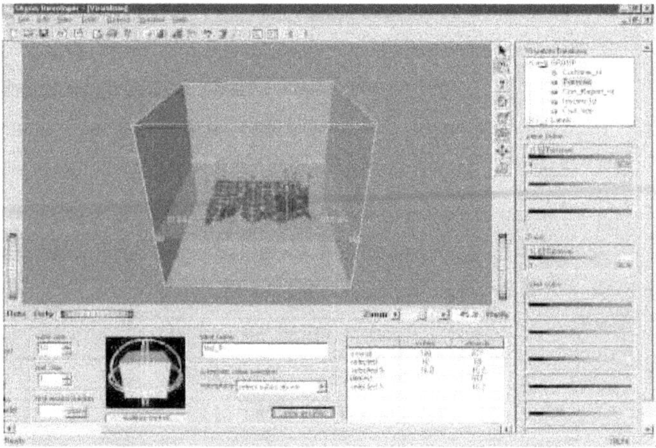

Quelle: Screenshot Skyon Visualizer

Mit der Funktion „Wasserlinie" von Skyon werden die Würfel mit den höchsten Durchschnittsumsätzen markiert. Diese so ausgewählten Würfel repräsentieren in jeder der fünf Testreihen ungefähr 10% der Grundgesamtheit. Anschließend wurden die markierten Daten exportiert und in einer Exceltabelle ausgewertet. Die Zusammenfassung der beschriebenen Untersuchung ist in folgender Tabelle dargestellt.

Tabelle 2: Gegenüberstellung der Netzgröße der durchgeführten Tests

Test	1	2	3	4	5
von Skyon berechnete, optimale Netzgröße	9 x 9	8 x 8	9 x 9	8 x 8	10 x 10
Anzahl Würfel	81	64	81	64	100
Mit der Funktion „Wasserlinie" ausgewählte Würfel	13	9	10	13	16
Mit der Funktion „Wasserlinie" ausgewählter Datensätze	71	70	67	75	69

Ohne die Interpretation der Ergebnisse vorwegzunehmen, ist auffällig, dass Skyon jedem theoretisch möglichen Würfel Datensätze zuordnet (z.b. Test 1: Netzgröße 9 x 9 bei 81 Würfeln). Man hätte davon ausgehen können, dass durch Heterogenität der Würfel bzw. Homogenität der Datensätze nicht alle möglichen Punkte des Gitters mit Würfeln besetzt werden. Eine Erklärung für dieses Ergebnis konnte bisher weder von der Software noch in der Literatur geliefert werden.

4.3.2.2 Interpretation der Skyon - Ergebnisse

Basierend auf den Ergebnistabellen der fünf Tests[33] kann folgende Aussage über gezielte Marketingaktionen getroffen werden. Das Merkmal Alter (Age) hat sich im Gegensatz zu den Basisdaten des VMall Ausschnittes verschoben. Wie in der Tabelle dargestellt, liegt das Alter der mit Skyon berechneten umsatzstärksten Kundengruppen bei den fünf Test zwischen 35,5 und 40,9 Jahren. Im Vergleich dazu beträgt das Durchschnittsalter der Gesamtkunden 44,5 Jahre. Dies zeigt deutlich den Gegensatz zwischen Gesamtdaten und den berechneten umsatzstarken Kundengruppen an.

---

[33] vgl. Anhang, Tabellen 8 - 12

Tabelle 3: Übersicht Testergebnisse

Test	Anzahl Kunden	Umsatz der markierten Würfel/ausgewählten Kunden	Umsatz pro Kunde (Mittelwert)	Age (Mittelwert)
1	71	85629	1206,04	35,5
2	70	75347	1076,39	38,5
3	67	49168	733,85	36,1
4	75	59992	799,89	40,9
5	69	73026	1058,35	38,4
Basisdaten	679	204255	301,71	44,5

Wie bereits erwähnt, erfolgt die Auswahl und Bewertung von Data Mining Ergebnissen anhand von inhaltlichen Kriterien. Aus diesem Grund beschränkt sich die weitere Ergebnisanalyse der Beispielaufgabe auf die Tests 1, 2 und 5. In den anderen Testreihen wurde der Durchschnittsumsatz pro Kunde (733,85 Dollar und 799,89 Dollar) als zu gering eingestuft und ist somit nicht relevant für weitere Untersuchungen, da eine Gruppierung nach umsatzstarken Kunden erfolgen sollte.

Die Auswertung des Einkommens in Zusammenhang mit dem Umsatz zeigt deutlich, dass bei Test 1 und 2 die Einkommensgruppe 3 (31.000 - 40.000 Dollar/Jahr) am umsatzstärksten ist und die Einkommensgruppe 6 (61.000 - 70.000 Dollar/Jahr) jeweils dahinter liegt. Test 5 zeigt ein genau umgedrehtes Bild (Gruppe 6 vor Gruppe 3).

Die Regionen zeigen ein sehr uneinheitliches Bild bei der Verteilung umsatzstarken Kunden. Es wird angenommen, dass sich durch die Unternehmensart von VMall (Versandhandel) keine regionale Gruppierung bilden lässt.

Basierend auf diesen Ergebnissen sollten bei Marketingaktionen primär die Altersgruppe der potentiellen 35 - 38 jährigen Kunden mit den Einkommensgruppen 3 und 6 angesprochen werden.

Anzumerken ist, dass sich die Interpretation auf die vorgegebenen Daten von VMall bezieht. Demzufolge trifft die Interpretation in den Regionen zu, in denen bisherige Kunden ihren Wohnsitz haben.

4.4 Gegenüberstellung der Lösungen von MicroStrategy7 und Skyon

Um die Lösungen des Praxisbeispieles zu vergleichen, werden diese noch einmal in einer Tabelle zusammengefasst. Dabei wird bezug auf die Zielgruppe genommen, welche durch Marketingaktionen als umsatzstarke Neukunden gewonnen werden sollen.

Tabelle 4: Gegenüberstellung der Lösungen mit MicroStrategy7 und Skyon

	Lösung mit MicroStrategy7	Lösung mit Skyon
Altersgruppe	39 - 41	35 - 38
Jahreseinkommen	31.000 - 40.000	31.000 - 40.000 61.000 - 70.000
Region	keine für Marketingmaß-nahmen relevanten Erkenntnisse	keine für Marketingmaß-nahmen relevanten Erkenntnisse

In dieser Gegenüberstellung werden die Unterschiede der ermittelten Zielgruppen sichtbar. Dabei gleichen sich die Erkenntnisse über die regionale Verteilung der umsatzstarken Kunden. Die Altersstruktur unterscheidet sich nur geringfügig. Es wird aber deutlich, dass die durch Skyon und MicroStrategy7 ermittelten umsatzstarken Altersgruppen von dem Durchschnittsalter (44,5 Jahren) der Gesamtkunden deutlich abweichen. Des weiteren konnte mit Hilfe von Skyon eine zweite Einkommensklasse als Zielgruppe ermittelt werden.

Interessant wäre an dieser Stelle eine praktische Durchführung von Marketingaktionen auf Basis dieser Ergebnisse. Dadurch könnten die gegenübergestellten Gruppen angesprochen und deren Rücklaufquote bzw. Umsatzentwicklung ausgewertet werden. Somit wäre eine genauere Evaluierung der Ergebnisse von Skyon und MicroStrategy7 möglich.

5. Schlussbemerkung

Im Beispiel dargestellt, können durch OLAP und Data Mining ähnliche Ergebnisse erzielt werden. Hersteller von Data Mining Tools werben mit dem

Vorteil, dass bei dem Benutzer keine oder nur geringe Kenntnisse der Datenbasis vorhanden sein müssen. Bei der Verwendung von OLAP ist jedoch Voraussetzung, dass dem Anwender die Datenbasis und das Analysetool bekannt sind. Im folgenden wird eine allgemeine Wertung der Methodiken OLAP und Data Mining auf der Basis des untersuchten Aufgabe dargestellt.

5.1 Arbeit mit einem OLAP-Tool

Die oben genannten OLAP-Anforderungen werden besonders bei der Bearbeitung von einmaligen, speziellen Problemstellungen deutlich. Um diese mit Hilfe eines OLAP-Tools zu lösen, benötigt der Anwender detaillierte Kenntnisse über den Aufbau des Data Warehouse. Darüber hinaus muss er auch mit der Analysesoftware, also mit dem OLAP-Tool, vertraut sein. Dies ist besonders bei komplizierteren Fragestellungen von großer Bedeutung, da diese nur durch Kombinationen zur Verfügung gestellter Abfragemethodiken bzw. durch Nutzung verfügbarer Programmiermöglichkeiten beantwortet werden können. Daraus folgt, dass der Anwender auch Grundkenntnisse bzw. Grundverständnis der Programmierung in die Erstellung einer Abfrage einbringen muss.

Zur Beantwortung wiederkehrender und spezieller Fragestellungen ist ein OLAP-Tool sehr gut geeignet. Dies kann damit begründet werden, dass einmal erstellte Abfragen benutzt werden können und somit ein erheblicher Zeitvorteil entsteht. Im Unterschied zu Data Mining wird bei OLAP von einer Annahme bzw. Problemstellung ausgegangen. Darauf aufbauend führt der Benutzer Analysen durch, um die Annahme zu bestätigen und dafür Herleitungen aufzuzeigen. Bei fehlender oder nur grober Aufgabenstellung kann man bei der Anwendung von OLAP schnell die Übersicht verlieren und Tabellen ohne Aussagekraft erhalten.

5.2 Arbeit mit einem Data Mining-Tool

Bei Data Mining steht das Testen von verschiedenen Merkmalskombinationen im Vordergrund, da der Anwender nur schwer abschätzen kann, wie die Ergebnisse der Untersuchungen ausfallen werden. Darüber hinaus werden die Tests nach inhaltlichen Kriterien miteinander verglichen und bewertet.

Dabei steht im Vordergrund, ob eine spezielle Aufgabe gelöst oder nach versteckten Zusammenhängen in den Datenbeständen gesucht werden soll. Die Lösung einer Problemstellung setzt auch bei einem Data Mining Tool Grundkenntnis des Datenbestandes und Verständnis des Tools voraus, jedoch nicht in dem Umfang wie bei einer OLAP Analyse. Wie in der Arbeit bereits dargestellt, eignen sich nur bestimmte Data Mining Verfahren und somit bestimmte Tools für die Beantwortung spezieller Fragestellung[34], d.h. es ist sinnvoll jede Fragestellung mit jedem Data Mining Verfahren zu bearbeiten.

---

[34] vgl Promatis: Data Mining

Abkürzungsverzeichnis

Benutzer-DSN	Benutzer-Data Source Name
BI	Business Intelligence
KDD	Knowledge Discovery in Databases
MDE	MetaDatenEditor
OLAP	Online Analytical Processing
SOM	Self-Organizing Maps
System-DSN	System-Data Source Name

Abbildungsverzeichnis

Tabellenverzeichnis

Literaturverzeichnis

Ankerst, M.: Visual Data Mining, Berlin 2001

Bach, V./Gronover, S.: Kundensegmentierung, 2000, http://www.i-u.de/schools/Bach/Publications/Kundensegmentierung_09_sgr.pdf

Chamoni, P.: Ausgewählte Verfahren des Data Mining, in: Chamoni, P./Gluchowski, P. (Hrsg.): Analytische Informationssysteme, Berlin 1999, S. 301 - 320

Gentsch, P.: Data Mining Tools 2001, 2001, http://www.competencesite.com/bisysteme.nsf/4150465B46DF497CC1 256A870063181E/$File/dataminingtools_drgentsch.pdf

Hönig, T.: Desktop OLAP in Theorie und Praxis, in: Martin, W./Albrecht, P: Data Warehousing, Bonn, 1998, S. 169 - 188

Knoblauch, B.: Der Data-Mining-Ansatz zur Analyse betriebswirtschaftlicher Daten, in: Augsburger, W./Ferstl, O./Heinrich, A./Sinz, E. (Hrsg.): Bamberger Beiträge zur Wirtschatsinformatik Nr. 58, 2000

Kohonen, T.: Self-Organizing Maps, Third Edition, Berlin 2001

Kruczynski, K.: Data Mining - Ergiebige Quelle für Business Intelligence, in: Computern im Handwerk, München 11/2001, S. 14 - 16

Küppers, B.: Data Mining in der Praxis, Frankfurt a. M. 1999

Kurz, A.: Neue Wege der Datenanalyse mittels neuartiger Knowledge Discovery- und Data Mining-Methoden, in: Martin, T. (Hrsg.): Data Warehousing Data Mining – OLAP, Bonn 1998, S. 249 - 283

Lusti, M.: Data Warehousing und Data Mining, Berlin 1999

MicroStrategy Incorporated: MicroStrategy7 - Getting Started Guide, 2000

MicroStrategy Incorporated: Information Mining für CRM basierend auf der MicroStrategy7 Plattform, 2001

Multhaupt, M.: Data Mining und Text Mining im strategischen Controlling, Aachen 2000

Promatis AG: Data Mining, 2001, http://www.promatis.de/loesungen/business_intelligence/data_mining/

Säuberlich, F.: KDD und Data Mining als Hilfsmittel zur Entscheidungsunterstützung, Frankfurt a. M. 2000

Schinzer, H./Bange, C./Mertens, H.: Data Warehouse und Data Mining, 2. Auflage, München 1999

Skyon: Benutzerhandbuch Skyon Developer

Weber, R.: Data Mining mit intelliegenten Technologien – Die Suche nach Informationen in Daten, in: Martin, T. (Hrsg.): Data Warehousing Data Mining – OLAP, Bonn 1998, S. 301 - 322

Information: Internetrecherche fand am 12.02.2002 statt.

Anlagen

Abbildung 8: Prozess Business Intelligence

Prozess Business Intelligence

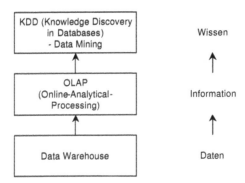

Quelle: in Anlehnung an Seminar Data Warehousing (Vertiefungsrichtung Wirt-schaftsinformatik, 7. Fachsemester an der HTWK Leipzig)

Abbildung 9: Dreidimensionale Abfrage eines Datenwürfels

Dreidimensionale Abfrage eines Datenwürfels

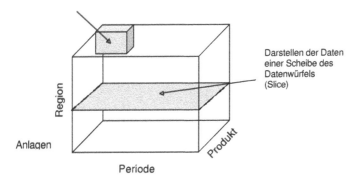

Quelle: in Anlehnung an Lusti, M.: Data Warehousing und Data Mining, S. 137

Abbildung 10: Anwendungsgebiete des Data Mining nach Funktionen

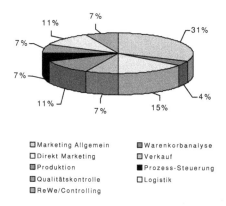

☐ Marketing Allgemein   ▣ Warenkorbanalyse
☐ Direkt Marketing   ▣ Verkauf
▣ Produktion   ■ Prozess-Steuerung
▣ Qualitätskontrolle   ☐ Logistik
▣ ReWe/Controlling

Quelle: in Anlehnung an Gentsch, P.: Data Mining Tools 2001, S. 8

Abbildung 11: Künstliche Neuronale Netze

Künstliche Neuronale Netze

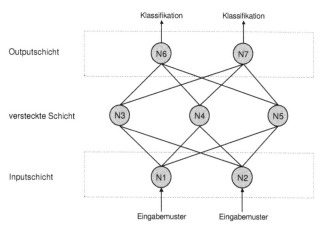

Quelle: in Anlehnung an Chamoni, P.: Ausgewählte Verfahren des Data Mining, S. 315

Abbildung 12: VMall Customer Hierachy Model

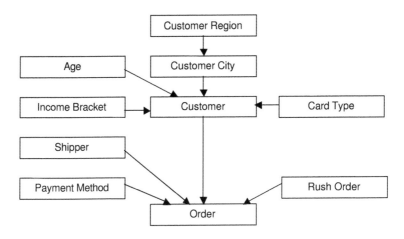

Quelle: in Anlehnung an MicroStrategy Incorporated: MicroStrategy7 – Getting Started Guide, S. 98

Abbildung 13: Datenmodel der Unternehmung VMall (Ausschnitt)

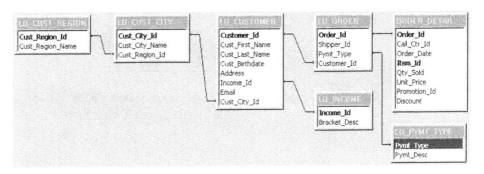

Quelle: Screenshot MS-Access, eigene Darstellung

Abbildung 14: Filter zur Anzeige der 70 umsatzstärksten Kunden mit MicroStrategy7

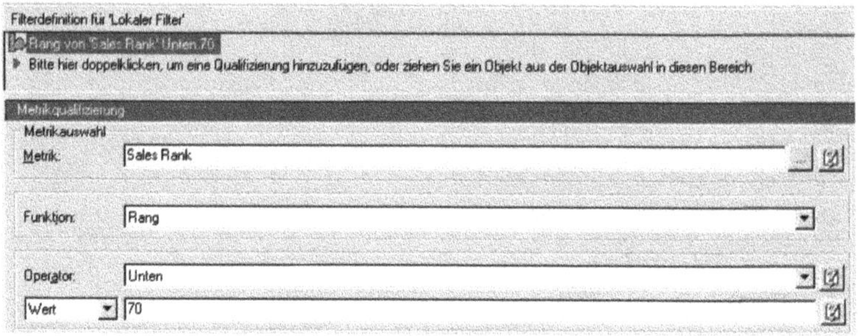

Filterdefinition für 'Lokaler Filter'

Rang von 'Sales Rank' Unten 70

▶ Bitte hier doppelklicken, um eine Qualifizierung hinzuzufügen, oder ziehen Sie ein Objekt aus der Objektauswahl in diesen Bereich

Metrikqualifizierung
Metrikauswahl

Metrik: Sales Rank

Funktion: Rang

Operator: Unten

Wert   ▾   70

Quelle: Screenshot MicroStrategy7

Tabelle 5: Schlüsselung Einkommens-ID und Einkommen

Income_Id	Bracket_Desc
1	< 21K
2	21-30K
3	31-40K
4	41-50K
5	51-60K
6	61-70K
7	71-80K
8	81-90K
9	91-100K
10	>100K

Quelle: Dimensionstabelle LU_INCOME der Datenbank VMall von MicroStrategy

Tabelle 6: Auswertung der Ergebnisse mit MircoStrategy7 und Skyon

	Basisdaten	MicroStrategy7			Skyon		
		Top70	Test 1	Test 2	Test 3	Test 4	Test 5
Gesamtumsatz der Kunden	204,255.00	93,565.00	85,629.00	75,347.00	49,168.00	59,992.00	73,026.00
Anzahl Kunden	677	70	71	70	67	75	69
Umsatz/Kunde	301.71	1336.64	1206.04	1076.39	733.85	799.89	1058.35
Durchschnitts-alter	44.6	39.7	35.5	38.5	36.1	40.9	38.4
Region 1	13.3%	8.6%	9.9%	15.7%	0.0%	4.0%	0.0%
Region 2	13.6%	11.4%	12.7%	1.4%	0.0%	5.3%	0.0%
Region 3	12.3%	11.4%	7.0%	7.1%	0.0%	9.3%	8.7%
Region 4	11.4%	14.3%	11.3%	20.0%	25.4%	10.7%	29.0%
Region 5	12.7%	5.7%	12.7%	1.4%	0.0%	9.3%	11.6%
Region 6	14.2%	17.1%	15.5%	11.4%	31.3%	9.3%	18.8%
Region 7	10.3%	8.6%	11.3%	8.6%	14.9%	17.3%	7.2%
Region 8	3.0%	8.6%	8.5%	15.7%	13.4%	17.3%	13.0%
Region 9	3.1%	8.6%	4.2%	4.3%	10.4%	10.7%	10.1%
Region 10	3.2%	4.3%	5.6%	10.0%	3.0%	2.7%	1.4%
Region 11	3.0%	1.4%	1.4%	4.3%	1.5%	4.0%	0.0%
Income 1	4.7%	8.6%	14.1%	7.1%	4.5%	10.7%	8.7%
Income 2	12.7%	12.9%	12.7%	5.7%	11.9%	16.0%	15.9%
Income 3	17.7%	21.4%	26.8%	27.1%	14.9%	40.0%	17.4%
Income 4	18.6%	12.9%	7.0%	14.3%	26.9%	0.0%	8.7%
Income 5	13.9%	11.4%	11.3%	11.4%	4.5%	14.7%	11.6%
Income 6	13.4%	12.9%	14.1%	11.4%	28.4%	8.0%	24.6%
Income 7	5.0%	4.3%	4.2%	8.6%	4.5%	6.7%	4.3%
Income 8	5.3%	7.1%	7.0%	5.7%	3.0%	4.0%	4.3%
Income 9	5.6%	4.3%	2.8%	4.3%	0.0%	0.0%	1.4%
Income 10	3.0%	4.3%	0.0%	4.3%	1.5%	0.0%	2.9%

Tabelle 7: Exporttabelle Top70 mit MicroStrategy7

679	$ 3,621	4	6	03.12.74	1
7	$ 3,181	4	2	03.01.50	2
462	$ 2,630	6	1	31.10.69	3
613	$ 2,614	8	1	25.05.52	4
10	$ 2,560	3	3	24.02.66	5
74	$ 2,467	6	5	16.01.66	6
561	$ 2,092	4	3	07.12.72	7
252	$ 1,993	4	2	26.06.73	8
658	$ 1,964	7	3	29.04.53	9
310	$ 1,948	7	5	07.08.65	10
113	$ 1,935	3	3	12.06.71	11
212	$ 1,823	6	4	06.10.65	12
67	$ 1,809	2	6	05.12.65	13
85	$ 1,798	6	4	28.02.67	14
644	$ 1,798	6	4	17.06.68	14
368	$ 1,734	6	3	02.08.66	16
29	$ 1,730	4	7	04.03.52	17
584	$ 1,670	7	3	06.05.66	18
24	$ 1,590	8	5	12.05.69	19
516	$ 1,575	1	4	15.05.58	20
222	$ 1,570	5	5	25.12.67	21
184	$ 1,563	10	6	27.05.71	22
276	$ 1,535	2	8	14.11.67	23
19	$ 1,519	6	9	30.04.68	24
459	$ 1,486	3	3	27.12.58	25
143	$ 1,458	1	3	16.01.58	26
147	$ 1,344	4	4	17.11.65	27
511	$ 1,317	8	5	27.06.66	28
582	$ 1,317	7	3	10.09.60	28
322	$ 1,316	8	10	12.10.65	30
159	$ 1,305	8	8	03.01.67	31
623	$ 1,298	9	4	08.07.54	32
422	$ 1,263	2	5	30.04.50	33
152	$ 1,215	6	6	07.12.66	34
282	$ 1,180	10	3	18.12.68	35
150	$ 1,141	11	3	15.04.61	36
323	$ 1,110	10	7	27.11.65	37
585	$ 1,097	2	10	03.10.61	38
219	$ 1,058	2	2	04.11.66	39
635	$ 1,033	1	9	17.11.57	40
166	$ 1,011	7	1	18.07.64	41
326	$ 1,011	9	1	13.12.50	41
631	$ 1,002	9	4	10.09.56	43
405	$ 969	7	3	08.12.70	44
672	$ 954	1	4	05.10.58	45
43	$ 950	4	6	18.07.56	46
243	$ 928	1	2	18.07.43	47
72	$ 893	9	10	13.02.63	48
140	$ 877	6	6	13.12.57	49
228	$ 862	4	5	19.08.61	50
220	$ 826	4	2	01.04.57	51
46	$ 821	6	3	23.08.57	52
358	$ 819	9	8	01.07.65	53
226	$ 811	3	2	16.06.59	54
21	$ 808	1	8	16.02.51	55
537	$ 774	3	3	31.12.51	56
396	$ 763	3	2	15.01.63	57
495	$ 760	9	1	20.04.75	58
475	$ 759	6	7	05.05.63	59
560	$ 751	5	2	17.06.57	60
594	$ 734	5	6	16.12.63	61
472	$ 730	3	2	13.12.71	62
514	$ 725	2	4	17.04.57	63
393	$ 717	3	5	04.01.46	64
192	$ 707	6	8	12.11.52	65
535	$ 703	5	1	01.11.50	66
80	$ 701	2	6	13.02.67	67
355	$ 685	10	4	28.06.56	68
493	$ 682	2	9	18.07.65	69
248	$ 675	5	4	16.12.65	70

Tabelle 8: Exporttabelle Test 1 mit Skyon

Customer_ID	Turnover (in Dollar)	Cust_Region	Income_ID	Customer_Age
495	765.00	9	1	26
309	670.00	8	5	26
54	640.00	6	6	26
679	3,626.00	4	6	27
123	627.00	4	8	27
621	452.00	2	1	27
417	395.00	4	2	27
252	1,993.00	4	2	28
340	647.00	2	3	28
415	538.00	10	9	28
581	2,112.00	4	3	29
238	585.00	2	6	29
118	510.00	1	2	29
113	1,935.00	3	3	30
184	1,563.00	10	6	30
472	730.00	3	2	30
476	643.00	1	6	30
565	570.00	5	6	30
408	498.00	3	5	30
405	969.00	7	3	31
407	475.00	7	2	31
531	417.00	1	1	31
600	308.00	2	8	31
462	2,830.00	6	1	32
24	1,590.00	8	5	32
644	1,798.00	6	4	33
19	1,533.00	6	9	33
282	1,185.00	10	3	33
227	605.00	2	5	33
324	543.00	5	2	33
222	1,570.00	5	5	34
276	1,535.00	2	8	34
377	517.00	5	1	34
85	1,805.00	6	4	35
368	1,734.00	6	3	35
584	1,870.00	7	3	35
511	1,345.00	8	5	35
159	1,305.00	8	8	35
152	1,215.00	6	6	35
219	1,060.00	2	2	35
80	716.00	2	6	35
275	539.00	1	3	35
498	380.00	7	3	35
10	2,560.00	3	3	36
74	2,467.00	6	5	36
310	1,948.00	7	5	36
212	1,833.00	6	4	36
67	1,809.00	2	6	36
147	1,344.00	4	4	36
323	1,110.00	10	7	36
358	834.00	9	8	36
622	689.00	8	3	36
186	1,011.00	7	1	37
81	503.00	5	3	37
475	791.00	6	7	38
594	734.00	5	6	38
150	1,146.00	11	3	40
582	1,317.00	7	3	41
516	1,575.00	1	4	43
459	1,506.00	3	3	43
143	1,458.00	1	3	44
48	821.00	6	3	44
665	414.00	5	3	45
658	1,964.00	7	3	48
613	2,814.00	8	1	49
29	1,742.00	4	7	49
108	670.00	5	1	49
326	1,011.00	9	1	51
535	703.00	5	1	51
7	3,186.00	4	2	52
243	928.00	1	2	58

Tabelle 9: Exporttabelle Test 2 mit Skyon

Customer_ID	Turnover (in Dollar)	Cust_Region	Income_ID	Customer_Age
660	50.00	10	4	21
495	765.00	9	1	26
199	408.00	10	6	26
679	3,626.00	4	6	27
563	643.00	11	10	28
252	1,993.00	4	2	28
187	427.00	10	3	28
678	221.00	11	7	28
415	538.00	10	9	28
561	2,112.00	4	3	29
185	274.00	11	6	29
296	523.00	9	7	29
472	730.00	3	2	30
113	1,935.00	3	3	30
408	498.00	3	5	30
184	1,563.00	10	6	30
405	969.00	7	3	31
462	2,630.00	6	1	32
24	1,590.00	8	5	32
282	1,185.00	10	3	33
644	1,798.00	6	4	33
19	1,533.00	6	9	33
587	571.00	8	4	34
222	1,570.00	5	5	34
276	1,535.00	2	8	34
368	1,734.00	6	3	35
584	1,670.00	7	3	35
85	1,805.00	6	4	35
511	1,345.00	8	5	35
152	1,215.00	6	6	35
159	1,305.00	8	8	35
322	1,329.00	8	10	36
10	2,560.00	3	3	36
622	689.00	8	3	36
147	1,344.00	4	4	36
212	1,833.00	6	4	36
74	2,467.00	6	5	36
310	1,948.00	7	5	36
323	1,110.00	10	7	36
358	834.00	9	8	36
166	1,011.00	7	1	37
582	1,317.00	7	3	41
292	521.00	1	6	42
47	213.00	1	1	43
221	403.00	1	10	43
459	1,506.00	3	3	43
516	1,575.00	1	4	43
672	954.00	1	4	43
389	22.00	1	2	44
143	1,458.00	1	3	44
635	1,033.00	1	9	44
663	209.00	1	3	46
554	248.00	1	4	46
509	373.00	1	8	46
436	229.00	8	3	48
658	1,964.00	7	3	48
613	2,614.00	8	1	49
501	149.00	8	3	49
29	1,742.00	4	7	49
466	215.00	4	3	51
496	222.00	4	4	51
87	354.00	4	5	51
485	69.00	4	7	51
7	3,186.00	4	2	52
58	100.00	4	3	52
454	5.00	4	3	52
452	177.00	4	5	52
132	98.00	8	6	52
339	63.00	4	6	52
453	442.00	8	7	53

Tabelle 10: Exporttabelle Test 3 mit Skyon

Customer_ID	Turnover (in Dollar)	Cust_Region	Income_ID	Customer_Age
495	765.00	9	1	26
309	670.00	8	5	26
54	640.00	6	6	26
199	408.00	10	6	26
417	395.00	4	2	27
198	219.00	6	4	27
679	3,626.00	4	6	27
252	1,993.00	4	2	28
120	257.00	6	4	28
297	420.00	6	4	28
32	46.00	4	6	28
570	133.00	6	6	28
569	293.00	8	2	29
185	274.00	11	6	29
296	523.00	9	7	29
184	1,563.00	10	6	30
405	969.00	7	3	31
601	11.00	7	3	31
106	560.00	6	4	31
180	199.00	6	4	31
24	1,590.00	8	5	32
553	156.00	4	7	32
353	128.00	7	3	33
56	183.00	6	4	33
194	45.00	6	4	33
644	1,798.00	6	4	33
193	74.00	6	4	34
587	571.00	8	4	34
42	250.00	6	6	34
177	93.00	4	6	34
223	79.00	4	6	34
498	380.00	7	3	35
584	1,670.00	7	3	35
85	1,805.00	6	4	35
314	140.00	6	4	35
511	1,345.00	8	5	35
152	1,215.00	6	6	35
159	1,305.00	8	8	35
322	1,329.00	8	10	36
212	1,833.00	6	4	36
358	834.00	9	8	36
602	264.00	7	3	37
189	72.00	6	4	37
9	408.00	6	6	37
319	185.00	4	2	38
239	613.00	4	6	38
475	791.00	6	7	38
109	97.00	6	4	39
582	1,317.00	7	3	41
675	207.00	4	2	42
220	826.00	4	2	44
451	304.00	7	3	44
139	324.00	6	4	45
631	1,002.00	9	4	45
43	1,100.00	4	6	45
349	155.00	4	6	45
555	210.00	9	6	45
639	23.00	4	6	45
122	265.00	7	3	46
508	203.00	4	1	47
659	142.00	8	2	47
623	1,298.00	9	4	47
658	1,964.00	7	3	48
344	186.00	4	6	48
620	625.00	9	6	48
613	2,614.00	8	1	49
7	3,186.00	4	2	52

Tabelle 11: Exporttabelle Test 4 mit Skyon

Customer_ID	Turnover (in Dollar)	Cust_Region	Income_ID	Customer_Age
495	765.00	9	1	26
273	521.00	2	3	26
425	38.00	8	3	26
309	670.00	8	5	26
199	408.00	10	6	26
123	627.00	4	8	27
252	1,993.00	4	2	28
340	647.00	2	3	28
561	2,112.00	4	3	29
185	274.00	11	6	29
296	523.00	9	7	29
472	730.00	3	2	30
113	1,935.00	3	3	30
184	1,563.00	10	6	30
405	969.00	7	3	31
601	11.00	7	3	31
668	450.00	6	5	31
462	2,630.00	6	1	32
331	207.00	8	3	32
24	1,590.00	8	5	32
553	156.00	4	7	32
324	543.00	5	2	33
353	128.00	7	3	33
377	517.00	5	1	34
219	1,060.00	2	2	35
275	539.00	1	3	35
498	380.00	7	3	35
584	1,670.00	7	3	35
511	1,345.00	8	5	35
159	1,305.00	8	8	35
10	2,560.00	3	3	36
622	689.00	8	3	36
74	2,467.00	6	5	36
321	534.00	6	2	37
602	264.00	7	3	37
396	763.00	3	2	39
305	421.00	5	2	40
20	16.00	8	3	40
487	355.00	6	5	40
582	1,317.00	7	3	41
444	102.00	9	5	41
226	816.00	3	2	42
518	657.00	9	2	42
469	540.00	6	5	42
459	1,508.00	3	3	43
102	35.00	11	5	43
220	828.00	4	2	44
560	761.00	5	2	44
143	1,458.00	1	3	44
451	304.00	7	3	44
555	210.00	9	6	45
122	265.00	7	3	46
278	393.00	2	3	46
436	229.00	8	3	48
658	1,964.00	7	3	48
620	625.00	9	6	48
108	670.00	5	1	49
613	2,614.00	8	1	49
105	258.00	1	3	49
501	149.00	8	3	49
29	1,742.00	4	7	49
537	783.00	3	3	50
260	572.00	6	5	50
326	1,011.00	9	1	51
535	703.00	5	1	51
485	69.00	4	7	51
7	3,186.00	4	2	52
453	442.00	8	7	53
335	115.00	7	3	55
91	124.00	7	7	59
379	77.00	11	6	63
2	306.00	8	3	68
272	385.00	7	8	68
41	391.00	5	1	70
432	12.00	9	5	70

Tabelle 12: Exporttabelle Test 5 mit Skyon

Customer_ID	Turnover (in Dollar)	Cust_Region	Income_ID	Customer_Age
495	765.00	9	1	26
309	670.00	8	5	26
54	640.00	6	6	26
417	395.00	4	2	27
679	3,826.00	4	6	27
123	627.00	4	8	27
252	1,993.00	4	2	28
32	46.00	4	6	28
113	1,935.00	3	3	30
184	1,563.00	10	6	30
565	570.00	5	6	30
405	969.00	7	3	31
334	283.00	5	6	31
482	2,630.00	6	1	32
24	1,590.00	8	5	32
553	156.00	4	7	32
644	1,798.00	6	4	33
19	1,533.00	6	9	33
587	571.00	8	4	34
222	1,570.00	5	5	34
177	93.00	4	6	34
223	79.00	4	6	34
368	1,734.00	6	3	35
584	1,670.00	7	3	35
85	1,805.00	6	4	35
511	1,345.00	8	5	35
152	1,215.00	6	6	35
159	1,305.00	8	8	35
322	1,329.00	8	10	36
10	2,560.00	3	3	36
622	689.00	8	3	36
212	1,833.00	6	4	36
74	2,467.00	6	5	36
310	1,948.00	7	5	36
358	834.00	9	8	36
321	534.00	6	2	37
319	185.00	4	2	38
397	205.00	6	2	38
239	613.00	4	6	38
594	734.00	5	6	38
475	791.00	6	7	38
72	893.00	9	10	39
387	463.00	3	3	39
65	311.00	3	3	40
582	1,317.00	7	3	41
518	657.00	9	2	42
675	207.00	4	2	42
573	307.00	3	3	42
459	1,506.00	3	3	43
220	826.00	4	2	44
560	761.00	5	2	44
140	892.00	6	6	44
631	1,002.00	9	4	45
43	1,100.00	4	6	45
508	203.00	4	1	47
659	142.00	8	2	47
623	1,298.00	9	4	47
345	440.00	5	6	47
658	1,964.00	7	3	48
820	825.00	9	6	48
108	670.00	5	1	49
613	2,614.00	8	1	49
29	1,742.00	4	7	49
535	703.00	5	1	51
87	354.00	4	5	51
7	3,186.00	4	2	52
452	177.00	4	5	52
339	63.00	4	6	52
253	705.00	4	6	58

Thesen

Aufgrund der Literaturrecherche und der Arbeit mit den Tools Skyon und MicroStrategy7 können folgende Thesen aufgestellt werden:

Aufgabenbearbeitung mit einem OLAP Tool am Beispiel von MicroStrategy:

* Kenntnis der Datenbasis und des OLAP-Tools sind Voraussetzungen einer erfolgreichen Analyse
* Ausgangspunkt der Datenanalyse: spezielle/wiederkehrende Fragestellung
* OLAP ist nur begrenzt für einmalige, spezielle Abfragen geeignet → sehr zeitintensiv bei der Erstellung der Abfragen
* OLAP ist gut geeignet zur Bearbeitung wiederkehrender Fragestellungen
* Kundengruppierung auf Basis einer OLAP Auswertung möglich

Aufgabenbearbeitung mit einem Data Mining Tool am Beispiel Skyon:

* Kenntnis der Datenbasis und des Tools sind nicht Voraussetzung, aber nützlich bei der Arbeit mit einem Data Mining Tool
* Augsangspunkt der Datenanalyse: spezielle Fragestellung oder allgemeine Suche von Zusammenhängen in einem Datenbestand
* Kundengruppierung mit Skyon durchführbar, da das Data Mining Verfahren Kohonen SOM genutzt wird
* Kombination von unterschiedlichen Merkmalen der Datenbasis → verschiedene Ergebnisse → inhaltliche Auswertung dieser Data Mining Ergebnisse durch den Anwender

Gegenüberstellung OLAP – Data Mining am untersuchten Beispiel:

* Kundengruppierung für Direktmarketingaktionen mit OLAP und Data Mining durchführbar, jedoch bestehen geringe Ergebnisunterschiede
* Qualitätsvergleich der erzielten Ergebnisse im Rahmen dieser Hausarbeit nicht durchführbar